EL APARATO RESPIRATORIO

Libros sobre el cuerpo humano para madrugadores

POR JUDITH JANGO-COHEN

EDICIONES LERNER • MINNEAPOLIS

Para Brad Cohen: que siempre puedas respirar bien, en especial en las juntas jurídicas.

Muchas gracias a Joelle Riley, mi editora, por su ojo exigente y su experiencia.

Traducción al español: copyright © 2007 por ediciones Lerner
Título original: *The Respiratory System*
Texto: copyright © 2005 por Judith Jango-Cohen

La edición en español fue realizada por un equipo de traductores nativos de español de translations.com, empresa mundial dedicada a la traducción.

ediciones Lerner
Una división de Lerner Publishing Group
241 First Avenue North
Minneapolis, MN 55401 EUA

Dirección de Internet: www.lernerbooks.com

Las fotografías presentes en este libro se utilizan con autorización de: © Royalty-Free/CORBIS, págs. 5, 8, 9, 10, 11, 20, 25, 34, 37; © Stock Image/SuperStock, pág. 6; © Norbert Schaefer/ CORBIS, pág. 7; © Dwight R. Kuhn, págs. 12, 16, 40, 42, 43; © Baumgartner Olivia/ CORBIS SYGMA, pág. 13; © Diane M. Meyer, págs. 14, 47; © Todd Strand/Independent Picture Service, págs. 17, 31; © Gregg Otto/Visuals Unlimited, pág. 18; © Charles Gupton/ CORBIS, pág. 21; © David M. Martin, M.D./Photo Researchers, Inc., pág. 22; © Gruppo05/ SuperStock, pág. 24; © CNRI/Photo Researchers, Inc., pág. 26; © Innerspace Imaging/Photo Researchers, Inc., pág. 28; © Gladden Willis, M.D./Visuals Unlimited, pág. 29; © Eye of Science/Photo Researchers, Inc., pág. 30; © Dr. David M. Phillips/Visuals Unlimited, págs. 32, 41, 48; © Photodisc Royalty Free by Getty Images, pág. 36; © Lester V. Bergman/CORBIS, pág. 38; © Catherine de Torquat/SuperStock, pág. 46. Fotografía de portada: © BSIP Agency/Index Stock Imagery. Las ilustraciones de las págs. 4, 15, 19, 23, 27, 33, 35, 39 son de Laura Westlund, copyright © 2005 por Lerner Publications Company.

Library of Congress Cataloging-in-Publication Data

Jango-Cohen, Judith.
   [Respiratory system. Spanish]
   El aparato respiratorio / por Judith Jango-Cohen.
     p. cm. — (Libros sobre el cuerpo humano para madrugadores)
   Includes bibliographical references.
   ISBN-13: 978–0–8225–6256–6 (lib. bdg. : alk. paper)
   ISBN-10: 0–8225–6256–1 (lib. bdg. : alk. paper)
   1. Respiratory organs—Juvenile literature. 2. Respiration—Juvenile literature.
  I. Title. II. Series.
  QP121.J3618 2007
  612.2—dc22
                                       2006000318

Fabricado en los Estados Unidos de América
1 2 3 4 5 6 – JR – 12 11 10 09 08 07

CONTENIDO

Detective de palabras 5

Capítulo 1 **LA NECESIDAD DE RESPIRAR** 6

Capítulo 2 **LA NARIZ Y LA GARGANTA** 12

Capítulo 3 **LA LARINGE** 18

Capítulo 4 **DE LA LARINGE A
LOS PULMONES** 26

Capítulo 5 **LOS PULMONES** 32

Capítulo 6 **POR TODO EL CUERPO** 38

**Mensaje para los adultos
sobre compartir un libro** 44

**Aprende más sobre
el aparato respiratorio** 45

Glosario 46

Índice 48

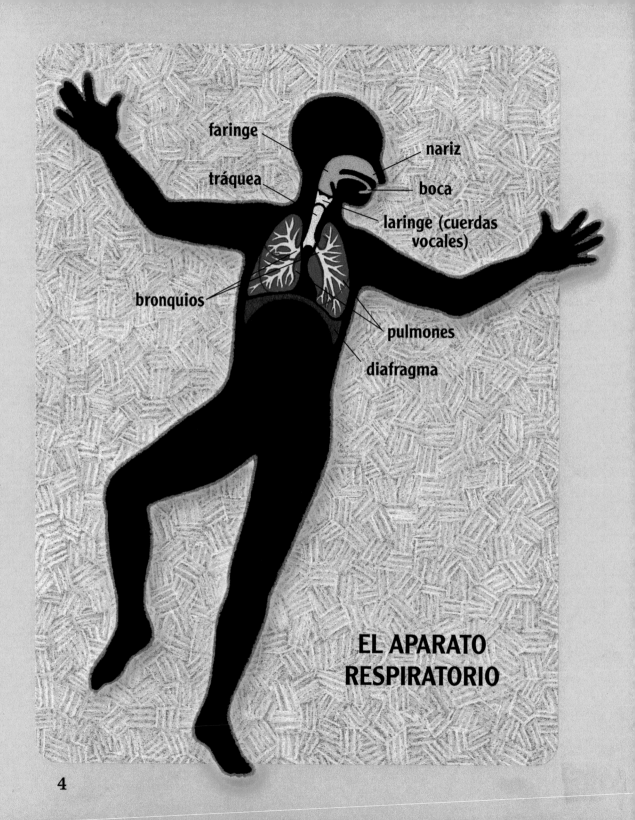

faringe

nariz

tráquea

boca

laringe (cuerdas vocales)

bronquios

pulmones

diafragma

EL APARATO RESPIRATORIO

DETECTIVE DE PALABRAS

¿Puedes encontrar estas palabras mientras lees sobre el aparato respiratorio? Conviértete en detective y trata de averiguar qué significan. Si necesitas ayuda, puedes consultar el glosario de la página 46.

alvéolos	costillas	laringe
bronquiolos	cuerdas vocales	moco
bronquios	diafragma	oxígeno
capilares	dióxido de	pulmones
células	carbono	tráquea
cilios	faringe	

CAPÍTULO 1

LA NECESIDAD DE RESPIRAR

Cuando duermes, respiras lentamente. ¿Cómo respiras cuando corres?

Imagina que estás durmiendo. Tu pecho se mueve hacia arriba y hacia abajo. La respiración fluye hacia dentro y hacia fuera silenciosamente.

Ahora, imagina que estás compitiendo en una carrera. Tomas por la boca todo el aire que puedes. Las fosas nasales se te agrandan. Al llegar a la meta, te dejas caer en el césped. Mientras jadeas, tu pecho sube y baja aceleradamente.

Cuando corres respiras más rápidamente que cuando descansas.

¿Alguna vez te preguntaste por qué cambia tu respiración? Cuando estás relajado, respiras lenta y superficialmente. Cuando estás haciendo ejercicio, respiras rápida y profundamente. Cuanta más energía usas, más aire necesitas. Pero . . . ¿qué tiene que ver la respiración con la energía?

La energía proviene de los alimentos. Al comer, le das energía al cuerpo.

Necesitas energía para correr, pero también para pensar.

La energía está encerrada en los alimentos. El aire que respiras te permite extraerla. El aire está compuesto por distintos gases. El gas que te permite extraer la energía de los alimentos se llama oxígeno.

Siempre debes respirar porque siempre usas energía. Incluso cuando duermes, tu corazón late y tu cerebro trabaja. La cantidad de oxígeno que necesitas depende de la cantidad de energía que usas.

Después de correr mucho, debes recuperar el aliento. Tu cuerpo necesita más oxígeno. También tiene que deshacerse de mucho dióxido de carbono.

Cuando inhalas, el oxígeno entra a tu cuerpo. Allí también están los alimentos. El oxígeno se combina con ellos para liberar la energía. También se libera un gas llamado dióxido de carbono, que es nocivo. Debes deshacerte de él rápidamente. El dióxido de carbono pasa a los pulmones para que puedas exhalarlo.

Cuanto más ejercicio haces, más rápidamente respiras. Tomas más oxígeno y liberas más dióxido de carbono.

Tu cuerpo tiene muchos sistemas y aparatos distintos que te permiten respirar, moverte y digerir los alimentos. Todos trabajan en equipo para que puedas hacer cosas, como jugar al basquetbol.

Muchas partes de tu cuerpo te ayudan a respirar. Esas partes forman el aparato respiratorio. La mayor parte del tiempo, no piensas en respirar, pero el aparato respiratorio sigue funcionando. Puedes estar en la escuela compitiendo en una carrera o en la cama, soñando con ganar una.

CAPÍTULO 2

LA NARIZ Y LA GARGANTA

Por lo general, respiras por la nariz. ¿Cómo respiras cuando se te tapa la nariz?

La nariz es como la puerta del aparato respiratorio. La mayor parte del aire que respiras entra por la nariz.

Si te suenas la nariz,
podrás destaparla.
Entonces respirarás mejor.

¿Pero qué sucede cuando tienes catarro y se te congestiona la nariz? Entonces tienes que respirar por la boca. La boca es como una entrada de emergencia. La usas cuando la nariz está obstruida o cuando necesitas más aire.

Respirar por la nariz es más saludable que respirar por la boca. La nariz retira el polvo y los microbios del aire que respiras. Los vellos de la nariz atrapan el polvo. El polvo también queda pegado al moco. El moco es un líquido baboso que cubre el interior de la nariz. Los microbios son muy pequeños y los vellos no los atrapan, pero se quedan pegados en el moco. Los microbios que quedan atrapados en la nariz no entran al cuerpo y no causan enfermedades.

Si respiras demasiado polvo, ¡tendrás que estornudar! Al estornudar, el polvo sale de la nariz.

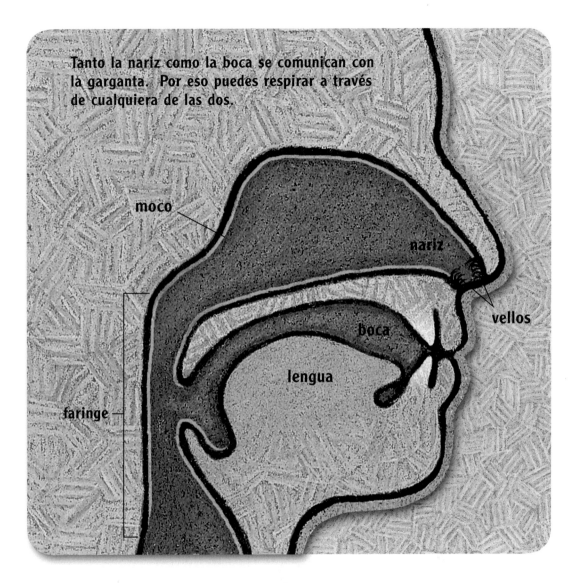

Tanto la nariz como la boca se comunican con la garganta. Por eso puedes respirar a través de cualquiera de las dos.

moco

nariz

vellos

boca

lengua

faringe

El moco hace más que atrapar la suciedad y los microbios. Es húmedo y, por lo tanto, humedece el aire que respiras. El aire que respiras por la nariz no te seca la garganta.

15

Cuando juegas afuera en invierno, la nariz calienta el aire que respiras. De esa forma, no entra aire helado a la garganta y los pulmones.

Además de limpiar y humedecer el aire, la nariz también lo calienta. Es tibia y, al pasar por ella, el aire se calienta, incluso si está helado. Eso impide que entre aire frío al cuerpo.

El aire limpio, húmedo y tibio pasa de la nariz a la garganta. En la garganta, a continuación de la boca, se encuentra un tubo llamado faringe.

16

El aire que respiras por la boca también entra a la faringe, al igual que lo que comes y bebes.

La parte inferior de la faringe se divide en dos tubos. Uno se comunica con el estómago y por él pasan los alimentos y los líquidos. El otro tubo conduce a los pulmones. Hacia allí se dirige el aire. El tubo para el paso del aire se llama laringe.

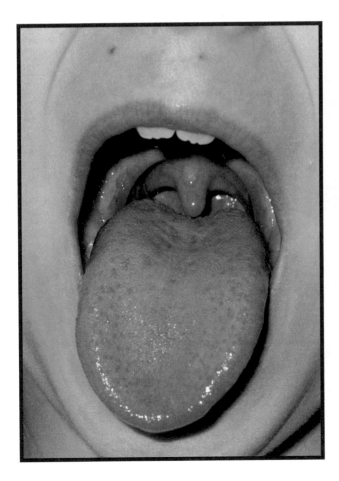

La faringe está detrás de la boca.

CAPÍTULO 3

LA LARINGE

La faringe se usa tanto al comer como al respirar. ¿Puedes tragar y respirar al mismo tiempo?

Tanto los alimentos como el aire pasan por la faringe, pero luego toman distintas direcciones. Los alimentos bajan al estómago. El aire entra a la laringe y se dirige a los pulmones. ¿Alguna vez te preguntaste por qué no se mezclan?

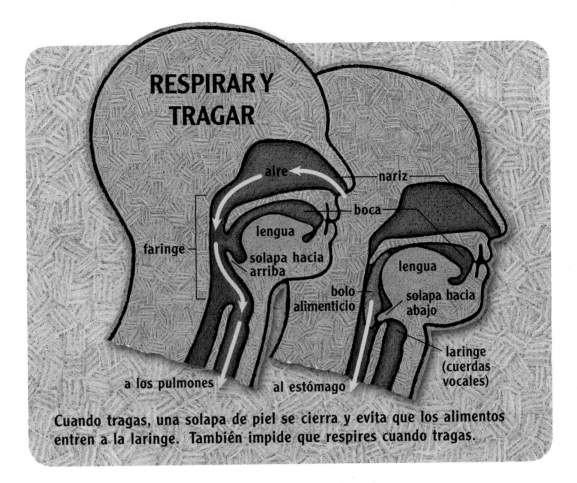

RESPIRAR Y TRAGAR

aire

nariz

boca

lengua

faringe

solapa hacia arriba

lengua

bolo alimenticio

solapa hacia abajo

laringe (cuerdas vocales)

a los pulmones

al estómago

Cuando tragas, una solapa de piel se cierra y evita que los alimentos entren a la laringe. También impide que respires cuando tragas.

Trata de tragar y respirar al mismo tiempo. ¡No se puede! Cuando tragas, una solapa se cierra sobre la laringe y se ajusta como la tapa de una caja, impidiendo que respires. Tócate el cuello con los dedos mientras tragas lentamente. Cuando la solapa se cierre, sentirás que la laringe empuja la lengua hacia arriba.

Como la laringe está tapada cuando tragas, los alimentos no pueden entrar y pasan sin problema al estómago.

Cuando la solapa está tapando la laringe, puedes tomar líquidos sin ahogarte.

Hablar con la comida en la boca es peligroso. La comida puede irse por el otro lado y te puedes ahogar.

Pero cuando hablas o ríes, la laringe no está tapada. Si hablas mientras comes, la comida puede caer accidentalmente en la laringe. Eso bloquea la laringe y te puedes ahogar. Comienzas a toser inmediatamente, lo cual envía golpes de aire hacia arriba a través de la laringe. El aire empuja la comida. Cuando la laringe deja de estar obstruida, puedes respirar otra vez.

El aire que circula por la laringe pasa entre dos bandas elásticas llamadas cuerdas vocales. Al respirar, las cuerdas vocales descansan relajadas a los costados de la laringe.

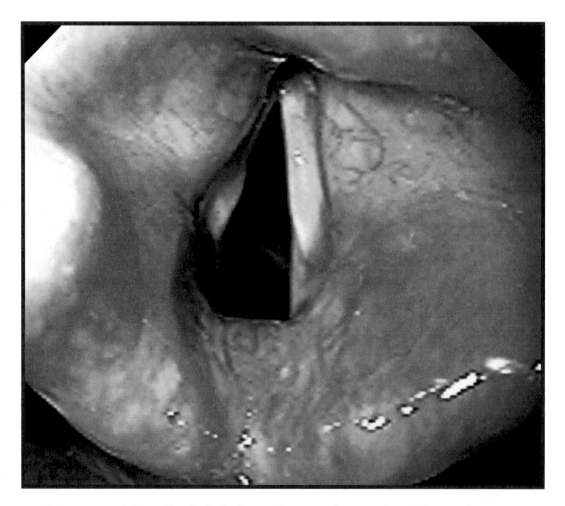

Esta es una fotografía de la laringe y las cuerdas vocales. El espacio entre las cuerdas vocales permite que el aire pase para que puedas respirar.

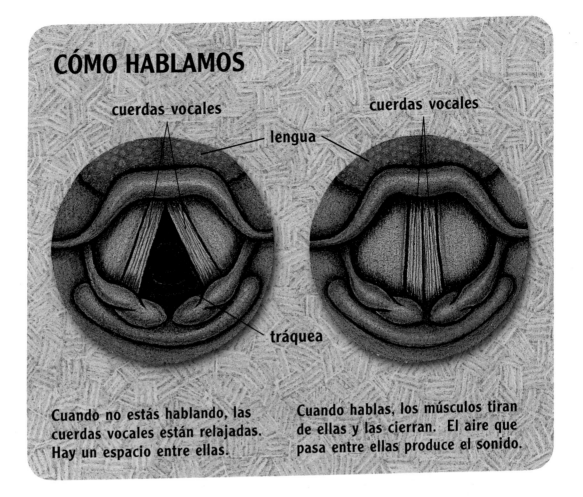

CÓMO HABLAMOS

cuerdas vocales

cuerdas vocales

lengua

tráquea

Cuando no estás hablando, las cuerdas vocales están relajadas. Hay un espacio entre ellas.

Cuando hablas, los músculos tiran de ellas y las cierran. El aire que pasa entre ellas produce el sonido.

Cuando hablas, los músculos tiran de las cuerdas vocales y las cierran. Esto deja sólo una pequeña abertura entre ellas. El aire que pasa por la abertura hace que las cuerdas vocales vibren o tiemblen. Para sentir esa vibración, tócate el cuello con los dedos y luego habla, tararea o canta.

Cuando las cuerdas vocales vibran, producen sonidos. Cuanto más se estiran, más agudo es el sonido. ¿Quieres ver cómo funcionan? Toma una banda de goma y estírala. Tócala como si fuera la cuerda de una guitarra. Escucha cómo cambia el sonido al estirarla cada vez más.

Las cuerdas de una guitarra están unidas a clavijas que se giran para ajustar o aflojar las cuerdas. Así, el sonido de las cuerdas se hace más agudo o más grave. Las cuerdas vocales funcionan de forma parecida.

Puedes cantar notas agudas y graves ajustando y aflojando las cuerdas vocales.

Las cuerdas vocales pequeñas producen sonidos más agudos que las grandes. Los niños tienen cuerdas vocales más pequeñas que los adultos. Por lo tanto, la voz de los niños es más aguda. Al crecer, también crecen las cuerdas vocales y la voz se hace más grave.

CAPÍTULO 4

DE LA LARINGE A LOS PULMONES

Esta fotografía muestra el tubo que está debajo de la laringe. ¿Cómo protegen los pulmones los músculos de este tubo?

La laringe está conectada a un tubo llamado tráquea. Las paredes de la tráquea están cubiertas de músculos y bandas rígidas. Si la comida pasa de la laringe a la tráquea, los músculos de la tráquea se cierran. Esto hace que la comida no pase a los pulmones.

EL APARATO RESPIRATORIO

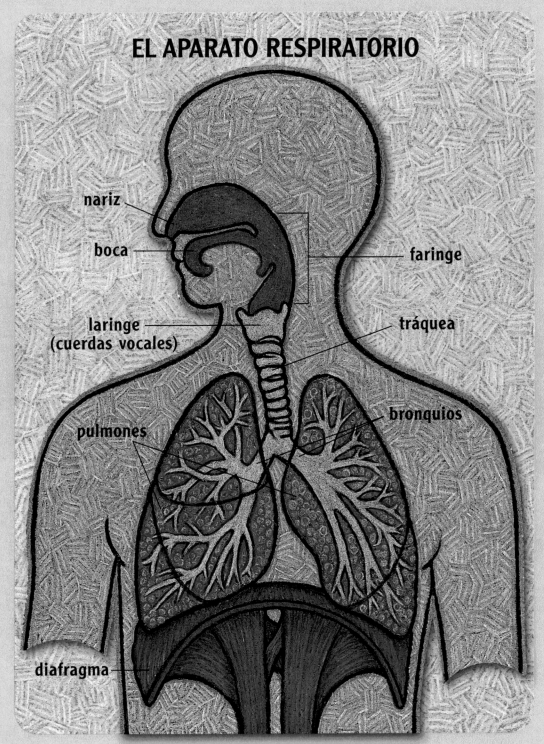

nariz

boca

faringe

laringe
(cuerdas vocales)

tráquea

pulmones

bronquios

diafragma

La parte inferior de la tráquea se divide en dos ramas. Una va al pulmón derecho y la otra, al pulmón izquierdo. Los tubos que van hasta los pulmones se llaman bronquios.

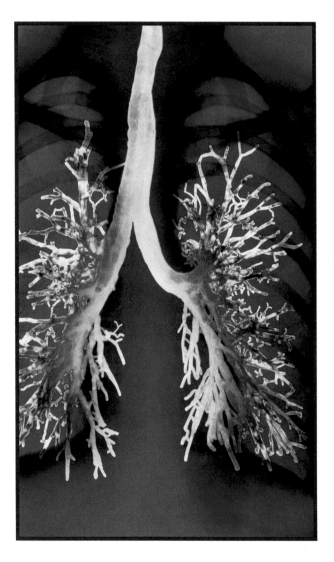

Ésta es una radiografía de los tubos que hay dentro de los pulmones. El tubo grande de la parte superior es la tráquea. Las dos ramas gruesas son los bronquios.

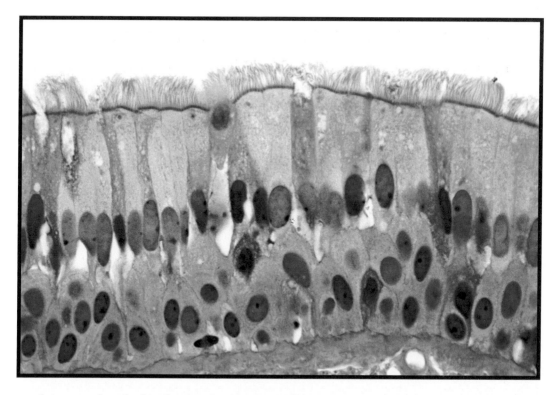

Las paredes de los bronquios están hechas de distintos tipos de células. Algunas de ellas producen moco.

Los bronquios producen moco. El moco atrapa la suciedad y los microbios que no fueron atrapados por el moco de la nariz, para que no entren en los pulmones. Pero los bronquios deben deshacerse del moco sucio. Si no lo hacen, el moco se acumulará y obstruirá los bronquios. Si eso sucediera, no podrías respirar.

Los bronquios tienen vellos diminutos llamados cilios, que se deshacen del moco sucio. Los cilios se mueven hacia atrás y hacia delante como si fueran remos, y empujan el moco hacia arriba, lejos de los pulmones. Cuando el moco llega a la faringe, lo puedes toser o te lo puedes tragar. Las sustancias químicas del estómago destruyen los microbios atrapados en el moco.

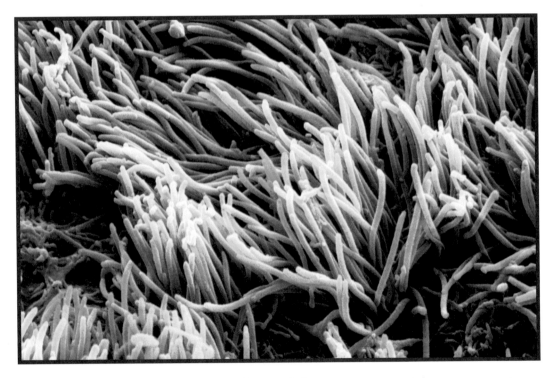

Los cilios parecen diminutos vellos ondulantes.

Cuando tosas, tápate siempre la boca. De esa manera, los microbios del moco no pasarán al aire. Después, lávate bien las manos.

El aire ha ido desde la nariz o la boca hasta la faringe, la laringe, la tráquea y los bronquios. Se ha limpiado, humectado y calentado. Está listo para entrar en los pulmones.

CAPÍTULO 5

LOS PULMONES

El interior de los pulmones parece una esponja blanda. ¿Cómo se protege?

Dentro de los pulmones, los bronquios se dividen en tubos cada vez más pequeños. Los de menor tamaño se llaman bronquiolos. El diámetro de los bronquiolos es de un poco menos de un milímetro. Cada bronquiolo se comunica con un conjunto de alvéolos. Los alvéolos parecen globos diminutos. En los pulmones hay millones de bronquiolos y alvéolos.

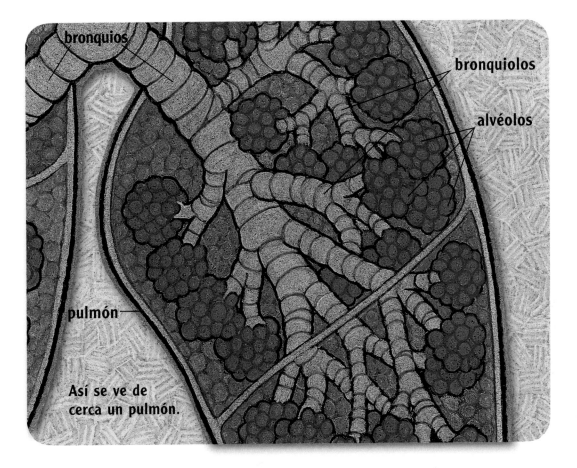

bronquios

bronquiolos

alvéolos

pulmón

Así se ve de
cerca un pulmón.

Cuando te tocas el centro del pecho, no sientes
los pulmones, sino el hueso plano que los protege.
A este hueso están conectadas las costillas, que
rodean a los pulmones como una jaula. Detrás de
los pulmones, las costillas se conectan a la
columna vertebral, la cual también ayuda a
protegerlos.

El diafragma te ayuda a tomar mucho aire para que puedas soplar una vela.

El pecho también tiene muchos músculos. Todos ellos se mueven cada vez que respiras. Debajo de los pulmones hay un músculo grande con forma de cúpula llamado diafragma. El diafragma separa el pecho del vientre.

Respira lo más hondo que puedas y contén la respiración. ¿Sientes cómo se tensa el diafragma? El diafragma empuja hacia abajo, para dejarles a los pulmones más espacio dentro del pecho. El aire ocupa rápidamente este espacio adicional cuando inhalas.

Ahora suelta el aire lentamente. Cuando exhalas, el diafragma se relaja y ocupa más espacio. Los pulmones quedan apretados en un espacio más pequeño. Esto empuja el aire hacia afuera.

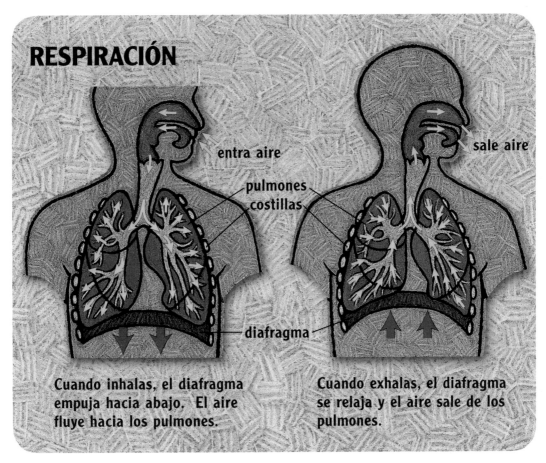

RESPIRACIÓN

entra aire

pulmones
costillas

sale aire

diafragma

Cuando inhalas, el diafragma empuja hacia abajo. El aire fluye hacia los pulmones.

Cuando exhalas, el diafragma se relaja y el aire sale de los pulmones.

Los músculos que están entre las costillas se mueven con el diafragma. Cuando inhalas, esos músculos despegan la caja torácica de los pulmones. Así los pulmones tienen más espacio. Tócate las costillas al inhalar. ¿Sientes cómo se mueven hacia arriba y hacia afuera? Cuando exhalas, las costillas se mueven hacia abajo y hacia dentro.

Cuando respiras profundamente, las costillas se mueven hacia arriba y hacia fuera. Eso aumenta el espacio para que entre más aire a los pulmones.

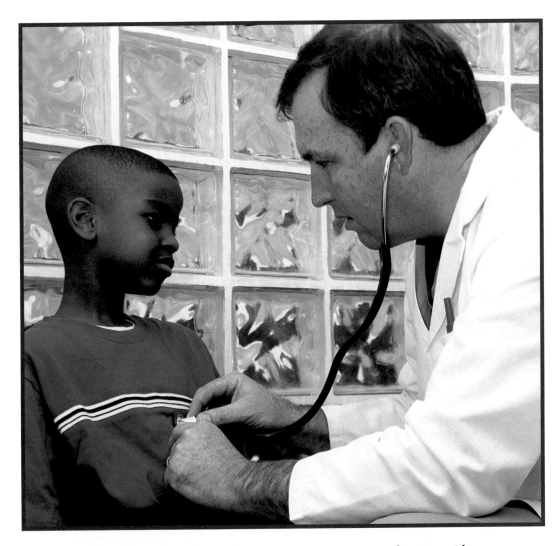

Los médicos escuchan los pulmones para asegurarse de que estén funcionando bien.

Los pulmones son la última parada del oxígeno en el aparato respiratorio. Desde allí, el oxígeno viaja a todas partes del cuerpo.

CAPÍTULO 6

POR TODO EL CUERPO

Los alvéolos pulmonares parecen globos diminutos. ¿Cómo pasa el oxígeno de los alvéolos al resto del cuerpo?

El oxígeno pasa de los pulmones al resto del cuerpo gracias a la sangre. Cada alvéolo pulmonar está rodeado por capilares, que son vasos sanguíneos diminutos. El oxígeno pasa de los alvéolos a la sangre de los capilares. La sangre transporta oxígeno al corazón. El corazón bombea la sangre llena de oxígeno a todo tu cuerpo.

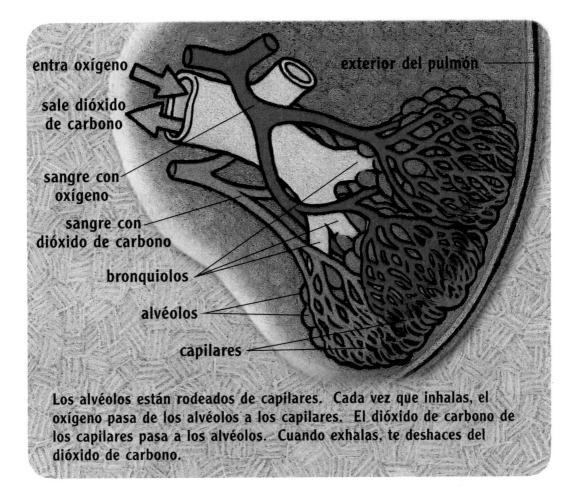

entra oxígeno

sale dióxido
de carbono

sangre con
oxígeno

sangre con
dióxido de carbono

bronquiolos

alvéolos

capilares

exterior del pulmón

Los alvéolos están rodeados de capilares. Cada vez que inhalas, el oxígeno pasa de los alvéolos a los capilares. El dióxido de carbono de los capilares pasa a los alvéolos. Cuando exhalas, te deshaces del dióxido de carbono.

Luego, el oxígeno abandona la sangre y entra a todas las células del cuerpo. En las células, se combina con el alimento para liberar energía. Pero también se libera dióxido de carbono, que pasa de las células a los capilares. La sangre que pasa se lleva el dióxido de carbono.

La sangre y el dióxido de carbono llegan en poco tiempo al corazón. El corazón los bombea a los capilares de los pulmones. En los pulmones, el dióxido de carbono pasa de los capilares a los alvéolos. Cuando exhalas, el dióxido de carbono sale de los alvéolos. Pasa a través de los bronquiolos, los bronquios, la tráquea, la laringe y la faringe. Después sale por la nariz o la boca.

Cuando exhalas, te deshaces del dióxido de carbono.

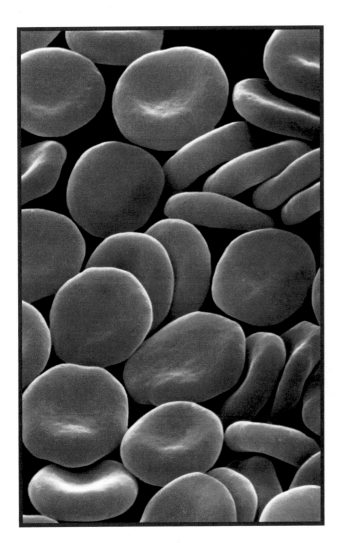

La sangre contiene glóbulos rojos y blancos. Esta ilustración muestra los glóbulos rojos, que transportan el oxígeno a todo el cuerpo.

El aparato respiratorio nunca deja de trabajar. Toma oxígeno y se deshace del dióxido de carbono. Pero no trabaja solo; necesita la ayuda del corazón y los vasos sanguíneos, que transportan el oxígeno y el dióxido de carbono rápidamente por el cuerpo.

Si no fuera por el oxígeno, no tendrías energía ni para mover un músculo.

Dentro de tu cuerpo suceden muchas cosas. Los músculos de tu pecho se tensan y se relajan. Los gases pasan por tubos y alvéolos hasta llegar a la sangre. El corazón bombea sangre por todo el cuerpo. Estás usando energía.

¿Estabas pensando en todas esas cosas? ¡Probablemente pensabas que sólo estabas relajado leyendo un libro!

El aparato respiratorio funciona solo. De lo contrario, ¡tendrías que pensar en respirar todo el tiempo!

SOBRE COMPARTIR UN LIBRO

Al compartir un libro con un niño, le demuestra que leer es importante. Para aprovechar al máximo la experiencia, lean en un lugar cómodo y tranquilo. Apaguen el televisor y eviten otras distracciones, como el teléfono. Estén preparados para comenzar lentamente. Túrnense para leer distintas partes del libro. Deténganse de vez en cuando para hablar de lo que están leyendo. Hablen sobre las fotografías. Si el niño comienza a perder interés, dejen de leer. Cuando retomen el libro, repasen las partes que ya han leído.

DETECTIVE DE PALABRAS

La lista de la página 5 contiene palabras que son importantes para entender el tema de este libro. Conviértanse en detectives de palabras y búsquenlas mientras leen juntos el libro. Hablen sobre el significado de las palabras y cómo se usan en la oración. ¿Alguna de estas palabras tiene más de un significado? La definición de las palabras se encuentra en el glosario de la página 46.

¿QUÉ TAL UNAS PREGUNTAS?

Use preguntas para asegurarse de que el niño entienda la información de este libro. He aquí algunas sugerencias:

> ¿Qué nos dice este párrafo? ¿Qué muestra la imagen? ¿Qué crees que aprenderemos ahora? ¿Qué hace el aparato respiratorio? ¿Por qué respiras más rápido cuando corres? ¿Por qué no puedes respirar y tragar al mismo tiempo? ¿Por qué la voz de los adultos es más grave que la de los niños? ¿Cuál es tu parte favorita del libro? ¿Por qué?

Si el niño tiene preguntas, no dude en responder con otras preguntas, como: ¿Qué crees *tú*? ¿Por qué? ¿Qué es lo que no sabes? Si el niño no recuerda algunos datos, consulten el índice.

PRESENTACIÓN DEL ÍNDICE

El índice le permite al lector encontrar información sin tener que revisar todo el libro. Consulte el índice de la página 48. Elija una entrada, por ejemplo *nariz*, y pídale al niño que use el índice para averiguar por qué es mejor respirar por la nariz que respirar por la boca. Repita este proceso con todas las entradas que desee. Pídale al niño que señale las diferencias entre un índice y un *glosario*. (El índice le sirve al lector para encontrar información, mientras que el glosario explica el significado de las palabras.)

EL APARATO RESPIRATORIO

LIBROS

Furgang, Kathy. *My Lungs.* Nueva York: PowerKids Press, 2001. Sigue el oxígeno y el dióxido de carbono a través del cuerpo. Las fotografías de modelos tridimensionales explican cómo funciona el aparato respiratorio.

LeVert, Suzanne. *The Lungs.* Nueva York: Benchmark Books, 2002. Este libro describe el aparato respiratorio y las enfermedades pulmonares, como los catarros y el asma.

Royston, Angela. *Why Do I Sneeze?* And Other Questions about Breathing. Chicago: Heinemann Library, 2003. Averigua qué es el hipo, qué sucede cuando respiramos aire contaminado y mucho más.

Stille, Darlene R. *The Respiratory System.* Nueva York: Children's Press, 1997. Este libro describe cómo funcionan las partes del aparato respiratorio.

SITIOS WEB

Inside the Human Body: The Respiratory System
http://www. lung. ca/children/index_kids. html
Este sitio Web tiene mucha información, además de actividades y juegos.

My Body
http://www. kidshealth. org/kid/body/mybody. html
Este divertido sitio Web tiene información sobre los sistemas y aparatos del cuerpo, además de películas, juegos y actividades.

Pathfinders for Kids: The Respiratory System—The Air Bags
http://infozone. imcpl. org/kids_resp. htm
Esta es una lista de recursos que se puede usar para aprender más sobre el aparato respiratorio.

Your Gross and Cool Body: Respiratory System
http://yucky. kids. discovery. com/flash/body/pg000138. html
Este sitio tiene información sobre el aparato respiratorio y otros sistemas y aparatos del cuerpo, y presta especial atención a los sonidos y partes no tan agradables del cuerpo.

GLOSARIO

alvéolos: diminutas bolsas llenas de aire de los pulmones

bronquiolos: tubos diminutos del interior de los pulmones

bronquios: los dos tubos que conectan la tráquea con los pulmones

capilares: vasos sanguíneos diminutos que conectan las arterias más pequeñas a las venas más pequeñas

células: unidades fundamentales más pequeñas de las estructuras del cuerpo (de los seres vivos)

cilios: vellos diminutos de las vías aéreas; se mueven hacia atrás y hacia delante, como remos, para empujar el moco hacia la garganta

costillas: huesos que rodean a los pulmones como una jaula

cuerdas vocales: dos bandas elásticas del interior de la laringe que vibran y producen los sonidos de la voz

diafragma: músculo con forma de cúpula que se encuentra bajo los pulmones y se usa en la respiración

dióxido de carbono: gas que se produce cuando el oxígeno se combina con los alimentos

faringe: tubo que se encuentra en la garganta; se comunica con la nariz y la boca

laringe: órgano de la voz; se tapa con una solapa cuando tragas

moco: líquido espeso y pegajoso que atrapa microbios y suciedad en las vías aéreas

oxígeno: gas que se combina con el alimento para liberar energía

pulmones: sacos esponjosos situados en el pecho, que incorporan oxígeno a la sangre y le quitan el dióxido de carbono

tráquea: tubo que comunica la laringe con los bronquios

ÍNDICE

Las páginas resaltadas en **negrita** hacen referencia a fotografías.

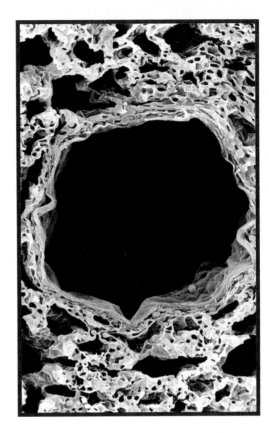

ahogarse, **20**, 21

boca, 12

energía, 8–9
estornudar, **14**

garganta, 16–17
gases, 9–10, 38–40, 41

hablar, 22–25
huesos, 33, 36

moco, 14–15, 29–30, **31**
músculos, 34–36

nariz, 12–16

pulmones, 28–37

respiración, 6–11, 12–14, 19,
   22, 34–36, **39**, 40, 43

sangre, 38–40, 41

toser, 21, 30, **31**
tragar, 18–21
tráquea, 26